SOCIÉTÉ NANTAISE D'HORTICULTURE

FONDÉE EN 1828.

Sous la protection de S. M. l'Impératrice des Français.

CATALOGUE

DE

LA BIBLIOTHÈQUE.

NANTES

Mme Ve C. MELLINET, IMPRIMEUR DE LA SOCIÉTÉ D'HORTICULTURE,

place du Pilori, 5.

1870

SOCIÉTÉ NANTAISE D'HORTICULTURE

FONDÉE EN 1828.

———

Sous la protection de S. M. l'Impératrice des Français.

———

CATALOGUE

DE

LA BIBLIOTHÈQUE.

———

NANTES

Mᵐᵉ Vᶜ C. MELLINET, IMPRIMEUR DE LA SOCIÉTÉ D'HORTICULTURE,

place du Pilori, 5.

———

1870

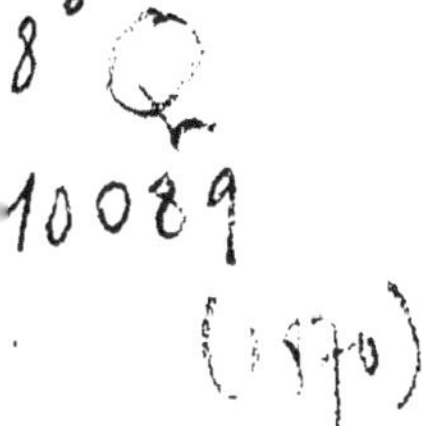

CATALOGUE DE LA BIBLIOTHÈQUE

Arboriculture.

Agriculture et horticulture en Chine, de Robert
Fortune. 1853.

Catalogue des Arbres à fruits cultivés par les Char-
treux.

Chaulage des Arbres par injection, nouveau procédé,
par Hérault fils. 1864.

Conduite et taille des Arbres fruitiers, de Croux. 1852.

Cours d'Arboriculture, de Dubreuil. 1846.

Cours d'Arboriculture, de Dubreuil. 1854.

Cours d'Horticulture, de Poiteau. 1848-1849.

Cours élémentaire d'Horticulture, de Sauvaget (notes
de Boncenne). 1860.

Cours élémentaire d'Horticulture, par Boncenne.

Cours élémentaire d'Horticulture, de Boncenne. 1861.

Cours pratique d'Arboriculture, de Louis Gaudry. 1849.

Culture des Arbres fruitiers, de Bravy.

Culture du Pêcher (Bulletin n° xx, t. iii, Société d'Agriculture du département du Cher), de Bengy Puyvallée. 1831.

Culture du Pommier à cidre (Cercle pratique d'Horticulture et de Botanique de la Seine-Inférieure), de la Société du Cercle.

Culture et taille des Arbres fruitiers, par V.-F. Lebeuf. 1870.

Culture forcée des Arbres fruitiers.

Culture forcée des Arbres fruitiers, de Pinaert. 1861.

De la taille des Arbres fruitiers, de Dalbret. 1845.

Éducation pratique du Pêcher, de Malot. 1854.

Entretiens familiers sur l'Horticulture, de Carrière. 1861.

Essai sur la taille et la conduite des Arbres fruitiers, de A. B. C. de Sesmaisons. 1847.

Guide pratique du Jardinier multiplicateur, de E.-A. Carrière. 1856.

Histoire du Pêcher et sa culture, de Duval. 1850.

Histoire du Poirier et sa culture, de Duval. 1850.

Instructions pratiques sur la taille et la conduite des Arbres fruitiers, de Lachaume. 1855.

Instructions pour les jardins fruitiers et potagers, de De la Quintinie. 1716.

Instructions familières sur l'Horticulture, de C.-F. Willermoz. 1855.

La culture des Forêts (Recherches sur l'emploi de

divers amendements dans), de Eugène Chevaudier.
1851.

L'Arboriculture fruitière, de Gressent. 1862.

Le Jardinier fruitier, de E. Forney. 1862.

Les Conifères, par Carrière. 1855.

Les Conifères de pleine terre. 1861.

Les Vignobles de France, par le docteur Jules
Guyot.

Manuel du Planteur (du reboisement), de Bazelaire.
1846.

Notions sur l'art de faire les Boutures, de Neumann.
1846.

Pépinières, de Carrière. 1861.

Pratique du Jardinage, de Roger Schabol. 1770.

Taille du Pêcher, du Poirier, du Pommier et autres,
de Lachaume. 1857-1858.

Traité de la taille des Arbres fruitiers, de Hardy.
1853-1855.

Traité de la culture des Arbres et Arbustes, de
Buchoz. 1786.

Traité des maladies des Arbres fruitiers, de Ferdi-
nand Rubens, traduit par Auguste Moll. 1848.

Traité du Jardinage pour tous, de Boncenne. 1857.

Traité de la culture du Mûrier, de J. Charrel. 1844.

Veillées villageoises, ou Entretiens sur l'Agriculture,
de E.-J.-A. Neveu-Derotrie. 1838.

Pomologie.

Album de Pomologie, de Bivort.

*

Annales de Pomologie belge.

Bulletins de la Société d'Horticulture de Rouen (Pomologie), de la Société d'Horticulture de Rouen. 1850.

Congrès pomologique de France, 9e session tenue à Nantes. 1864.

Dictionnaire pomologique, de André Leroy, d'Angers.

Jardin fruitier du Muséum, de Decaisne.

L'Abeille pomologique, par l'abbé Dupuy.

Le Verger, par Mas.

Les bonnes Poires, de Ch. Baltet. 1859.

Les Poiriers à hautes tiges (les plus précieux), de J. de Liron d'Airoles. 1862.

Notice pomologique, de Liron d'Airoles.

Quarante Poires, de P. de M. 1850.

Traité des Arbres et Arbustes, de Duhamel et Loiseleur. 1825.

Floriculture.

Appendice à la Monographie du genre OEillets, de Ponsort. 1844.

Appendice à la Monographie du genre OEillets (mariage des fleurs). 1845.

Culture du Chrysanthême, de Lebais.

Culture des Dahlias, de A. Legrand et Pepin. 1848.

Culture des OEillets, de Ragonet Godefroy. 1844.

Culture des Géraniums, Calcéolaires, Verveines, Cinéraires, de Ch. Lemaire et Chauvière. 1842.

Culture de la Pensée, de Ponsort. 1844.

Culture des Plantes de terre de bruyère, de Victor
    Paquet. 1844.
Culture des Orchidées, de Ch. Morel. 1855.
Culture des Plantes bulbeuses, de Lemaire. 1843.
Culture et Histoire du Fuchsia , par Porcher.
Histoire et culture de la Pensée, Violette, Oreille
    d'Ours, Primevère, de Ragonet Godefroy, 1844.
Instructions sur la culture des Pelargonium , de
    Bouchardat. 1853.
L'art de chauffer par le thermosiphon, de Audot. 1861.
La taille du Rosier, sa culture, par Forney.
La vie des Fleurs, de Lecoq. 1861.
Le Jardin fleuriste, par Lemaire.
Les Plantes et feuilles ornementales , par le comte
    de Lambertye.
Manuel de l'amateur de Cactus, de Lemaire. 1845.
Monographie du genre Camellia, de Berlèze. 1845.
Plantes de serre froide, de Ch. Lemaire, 1844.
Pratique des Serres, de Delaire. 1846.
Revue des Dahlias, de Perolle. 1841.
Revue des nouveautés horticoles et agricoles, par
    Vilmorin-Andrieux. 1862.
Serres et Orangeries de plein air, de Ch. Naudin.
    1861.
Voyage autour de mon Jardin, de Alphonse Karr.
    1861.

Constructions et plans de Jardins.

Constructions rurales, de Bona. 1861.

Jardins de Saint-Pétersbourg. 1846.
Les Promenades de Paris, par Alphant.
Parcs et Jardins, de Victor Petit. 1859.
Plans de Parcs.
Plans de toutes espèces de Jardins, de Thouin.

Culture maraîchère.

Champignons et Truffes, par J. Rémy. 1861.
Cours élémentaire de Culture maraîchère, de Courtois Gérard. 1852.
Culture maraîchère de Courtois Gérard. 1845.
Culture de l'Asperge, de Loisel. 1846.
Culture des Melons, de Loisel.
Culture du Melon, de Loisel. 1845.
Culture forcée des Fruits et Légumes par le thermo-siphon de Lambertye. 1863.
De la fécondation des Végétaux et de l'Hibridation, de Henri Lecoq. 1845.
Histoire de la maladie de la Pomme de terre, de J. Decaisne. 1846.
Jardin potager, par Joigneaux.
La Pomme de terre régénérée par la maturité, de Leroy-Mabille. 1851.
Maladie de la Pomme de terre comparée, de Leroy-Mabille. 1852.
Manuel pratique de Culture maraîchère, de Courtois Gérard. 1845.
Récolte et conservation, semis et germination des grains, de Joubert. 1842.

Traité de Culture potagère, de N.-J. Prévost. 1854.
Traité de la Culture des Champignons, de Paquet.
1847.

Annales d'Horticulture.

Annales de la Société Impériale d'Horticulture de
Paris. 1828 à 1869.
Annales de la Société Académique (Sciences, Arts et
Commerce, de Dupuy. 1851 à 1863.
Annales de la Société d'Horticulture de la Gironde.
1847 à 1852.
Annales de la Société Nantaise d'Horticulture. 1840
à 1869.
Annales de la Société d'Horticulture de Caen. 1852
à 1865.
Annales de la Société d'Horticulture de Mâcon. 1846
à 1865.
Annales de la Société d'Horticulture de l'Aube.
1853.
Annales de la Société d'Horticulture de Tarn-et-
Garonne.
Annales de la Société d'Horticulture des Bouches-
du-Rhône.
Annales de la Société d'Horticulture de Nice.
Annales de la Société d'Horticulture de la Côte-d'Or.
Annales de la Société d'Horticulture de Saint-Ger-
main-en-Laye.
Annales de la Société d'Horticulture de Fontenay-le-
Comte.

Annales de la Société d'Horticulture du Havre.

Annales de la Société d'Horticulture de l'Ain.

Annales de la Société d'Horticulture de Valognes.

Annales de la Société d'Horticulture de Picardie.

Annales de la Société d'Horticulture d'Ille-et-Vilaine.

Annales de la Société d'Horticulture de Bergerac.

Annales de la Société d'Horticulture des Deux-Sèvres.

Annales de la Société d'Horticulture de Coulommiers.

Annales de la Société d'Horticulture de Meaux.

Annales de la Société d'Horticulture de la Haute-Garonne.

Annales de la Société d'Horticulture de Lille.

Annales de la Société d'Horticulture de Caen.

Annales de la Société d'Horticulture de Saint-Jean-d'Angely.

Annales de la Société d'Horticulture d'Indre-et-Loire.

Annales de la Société d'Horticulture du Bas-Rhin.

Annales de la Société d'Horticulture du Doubs.

Annales de la Société d'Horticulture d'Eure-et-Loir.

Annales de la Société d'Horticulture de l'Auvergne.

Annales de la Société d'Horticulture de l'Allier.

Bulletin de la Société d'Horticulture de Rouen. 1836 à 1852.

Bulletin du Cercle pratique d'Horticulture et Botanique de Rouen. 1845 à 1853.

Bulletin de la Société d'Horticulture de la Moselle. 1344 à 1866.

Bulletin de la Société d'Horticulture de Seine-et-Oise. 1849 à 1852.

Bulletin de la Société d'Horticulture d'Orléans. 1841
à 1868.

Bulletin de la Société d'Horticulture du département
du Rhône. 1848 à 1869.

Bulletin de la Société d'Horticulture de la Sarthe.
1854 à 1868.

Bulletin du Cercle général d'Horticulture du département de la Seine. 1844 à 1854.

Procès-verbaux des séances de la Société Nantaise
d'Horticulture. 1828 à 1857.

Procès-verbaux des séances du Jury de la Société
Nantaise d'Horticulture. 1847 à février 1857.

Journaux et Almanachs d'Horticulture.

Almanach de l'Horticulteur nantais. 1851 à 1860.

Annales de Flore et Pomone, de divers. 1830 à 1838.

Belgique horticole (Journal des Jardins), de Charles
Morren. 1851 à 1868.

Bulletin de la Société royale d'Horticulture de Liége
(Belgique).

Bulletin de la Société royale de Bruxelles.

Figures pour l'Almanach du bon Jardinier, de Poiteau et Audot.

Figures pour l'Almanach du bon Jardinier, de Decaisne et Herincq.

Figures pour l'Almanach du bon Jardinier, de Decaisne.

Flore des Serres, de Louis Van-Houtte. 1845 à 1868.

Illustration horticole, de Ch. Lemaire. 1854 à 1868.

Journal d'Horticulture pratique, de Paquet, Isabeau
et Galeoti. 1853 à 1857.
Journal d'Horticulture pratique de Scheidverler.
1843 à 1848.
Journal de l'Académie d'Horticulture, de divers.
1834 à 1835.
Le bon Jardinier. 1847 à 1869.
L'Horticulteur praticien, de Galeoti et Funch. 1857
à 1861.
L'Horticulteur français, de Herincq. 1851 à 1869.
L'Instructeur Jardinier, de Paquet et son continua-
teur. 1848 à 1851.
Nouvelle Iconographie des Camellias, de divers.
1849 à 1861.
Revue horticole, de divers. 1829 à 1868.
Revue horticole, de divers. 1852 à 1868.

Botanique et Physiologie végétale.

Botanique populaire, par H. Lecoq.
Calendrier de Flore, de Mme V. D. C. 1802.
Catalogue des Plantes cryptogames de la Loire-Infé-
rieure, de Pradal. 1858.
Catalogue des plantes vasculaires du département de
la Marne, par le comte de Lambertye. 1846.
Choix de plantes de la Nouvelle-Zélande, par Raoul.
1846.
Commentaires sur Dioscoride (partie botanique), de
André Mattiole. 1780.
Dictionnaire du Jardinier français, de Filassier. 1791.

Eléments de Botanique, de Seringe. 1845.

Eléments de Botanique, par Duchatre. 1867.

Excursions botaniques dans la Charente-Inférieure , par l'abbé Delalande.

Fécondation artificielle des céréales. 1865.

Flore des Antilles, par de Tussac.

Flore des Jardins, de N.-C. Seringe. 1847.

Flore des Jardins, de divers. 1852.

Flore des Jardins de l'Europe (Manuel général des Plantes et Arbustes), de Jacque, Herincq et Duchartre. 1847.

Flore de l'Ouest de la France, de James Lloyd. 1855.

Flore du Pharmacien, du Droguiste et de l'Herboriste, de Seringe. 1851.

Flore médicale des familles, par Ebrard. 1865.

Flore nantaise, de Moisan. 1839.

Leçons de Botanique, de Auguste de Saint-Hilaire. 1847.

Les Jardins, par Arthur Mangin. 1867.

Manuel complet d'Horticulture, par Gonlier de Chabanne.

Méthode éprouvée pour reconnaître les plantes de la France. 1846.

Nomenclator Botanicus, de Stendel. 1840.

Physiologie végétale, de Sénebier. 1810.

Recherches expérimentales sur la Végétation, de Georges Ville. 1853.

Théorie de l'Horticulture (Physiologie), de John Lindley. 1841.

Traité de Botanique de Lemaout et Decaisne. 1868.

Voyage au pôle Sud et dans l'Océanie, sous le commandement de M. Dumont-Durville (partie botanique avec planches).

Annales d'Agriculture, d'Économie rurale et domestique, de Belles Lettres, Sciences et Arts.

Agriculture de l'Aube, publication du ministère. 1847.

Agriculture du Tarn, publication du ministère. 1845.

Agriculture des Côtes-du-Nord, publication du ministère. 1844.

Annales académiques de Saint-Quentin.

Annales académiques de Saint-Quentin, publication du ministère.

Annales agricoles, Sciences, Arts et Commerce du Puy.

Annales agronomiques, publication du ministère. 1851.

Annales de la Société Impériale d'Agriculture (Industrie, Sciences et Arts), publication du ministère. 1857.

Annales de la Société académique de Nantes. 1831 à 1866.

Annales de la Société d'Agriculture, Sciences, Arts et Commerce. 1855 à 1858.

Annales de la Société d'Agriculture de La Rochelle.

Annales de l'Institut agronomique. 1852.

Association bretonne, 9e session, tenue à Nantes
(compte rendu). 1852.

Bulletin de la Société académique de Poitiers (Agriculture, Belles Lettres, Sciences et Arts). 1848 à 1849.

Bulletin de la Société d'Acclimatation. 1859 à 1868.

Bulletin de la Société d'Agriculture du département
du Cher (Culture du Pêcher).

Bulletin de la Société historique et scientifique de
Saint-Jean-d'Angely. 1866.

Bulletin de la Société d'Agriculture de la Charente.

Bulletin de la Société d'Agriculture du Cher.

Bulletin des Séances de la Société nationale et cen-
trale d'Agriculture, de Payen. 1848 à 1850.

Bulletins du Sud-Est.

Compte rendu des travaux de la Société d'Agriculture
de Grenoble. 1848 à 1852.

Congrès central d'Agriculture (7e session). 1850.

Congrès central d'Agriculture (6e, 7e et 8e sessions).
1849 à 1851.

Conseil général de la Loire-Inférieure.

Conseil général du département de la Loire-Inférieure.
1860.

Journal de la Société d'Agriculture et d'Horticulture
de Châlons-sur-Saône. 1844 à 1866.

La Vie des champs.

L'Union des Arts de Marseille.

Mémoire de la Société royale des Sciences, de
l'Agriculture et des Arts de Lille. 1833 à 1838.

Mémoire de la Société d'Agriculture du département
du Nord. 1829 à 1832.

Mémoire de la Société d'Agriculture des Sciences et Arts de Valenciennes. 1833.

Mémoire de la Société d'Emulation de Cambray (mélanges divers). 1854 et 1859.

Rapport sur l'Exposition universelle de 1855, par le prince Napoléon.

Société d'Emulation de Napoléon-Vendée. 1859.

Société d'Agriculture de la Marne. 1852 à 1864.

Société d'Agriculture des Belles Lettres, Sciences et Arts de Rochefort. 1854 à 1855.

Journaux d'Agriculture, d'Économie rurale et domestique.

Agriculteur praticien, de divers. 1853 à 1867.

Bibliothèque des Propriétaires (Journal d'Economie rurale et domestique), de divers. 1803 à 1806.

Bulletin agricole de l'arrondissement de Toulon.

Bulletin agricole de la Savoie.

Bulletin agricole de la Haute-Vienne.

Bulletin de la Société d'Agriculture de Boulogne-sur-Mer.

Bulletin de la Société d'Agriculture de la Mayenne.

Bulletin de la Société d'Agriculture de Saint-Étienne.

Journal d'Agriculture pratique de J.-A. Barral. 1860 à 1861.

Journal des Connaissances usuelles et pratiques, de Gilet de Grandmont et C. Lasteyrie. 1825 à 1843.

Journal la Vie des Champs, de Emile Jaquemin. 1854 à 1858.

Moniteur des Campagnes (Revue du Progrès agricole,
de Max le Docte). 1851 à 1852.
Moniteur des Comices et des Cultivateurs, de Auguste
Jourdier. 1855 à 1856.
Revue villageoise, de divers. 1849 à 1850.

Agriculture proprement dite. — Économie rurale et domestique.

Agriculture de Maine-et-Loire , suivie des animaux et
insectes utiles et nuisibles à l'agriculture , de
Millet. 1856.
Bonheur rural. 1788.
Calendrier du bon Cultivateur, ou Manuel de l'Agri-
culteur praticien, de C.-S.-A. Mathieu de Dombasle.
1846.
Colonisation et Agriculture de l'Algérie, de L. Moll.
1845.
Congrès central d'Agriculture. Paris.
Conseils moraux et agricoles , de J.-L. Bahier. 1860.
Culture du Froment, de Champignoulle. 1857.
Des Institutions de Crédit foncier en Allemagne et
en Belgique, de Royer.
Economie rurale , de Boussingault. 1851.
Essai sur l'Economie rurale de l'Angleterre , de
l'Ecosse et de l'Irlande , de Léonce de Lavergne.
1855.
Engraissement du gros Bétail, de N. Evon. 1852.
Guide des Comices et des Propriétaires , de J. Bu-
geault.

Journal de la Société d'Agriculture de Meaux.

L'Agriculture allemande, de Royer. 1847.

L'Agriculture au point de vue chrétien, par Laurens.

L'Agriculture, poème, de Rosset. 1774.

L'Agriculteur commençant, de Schwerz (traduit par Villeroy).

La Guyane (mise en valeur et administration), de Daniel Lescaltier. An VI.

La Maison de Campagne, de Mme Adanson.

Leçons théorique et pratique d'Arboriculture fruitière, par A. Gressent.

Les Biens fonds, par Noirat. 1843.

Mes Pensées fugitives, de Mme Adanson. 1845.

Maison rustique du XIXe siècle, de Bailly et autres.

Maison rustique des Dames, de Mme Millet-Robinet. 1855.

Notes économiques, statistique agricole, de C.-E. Royer. 1843.

Nouveaux conseils moraux et agricoles, par Bahier.

OEuvres diverses : Economie politique. Instructions publiques, Haras et Remontes, de C.-J.-A. Mathieu de Dombasle. 1843.

Plantes industrielles, de Heuzé. 1861.

Procès-verbaux du Conseil général de la Loire-Inférieure.

Recueil industriel, de Moléon. 1831.

Recherches scientifiques en Orient (partie agricole), de Albert Gaudin. 1853-1854.

Revue villageoise, de divers. 1849-1850.

Tableaux de la Vie rurale, de Desormeaux. 1829.

Traité de l'Agriculture, de Laurens.

Traité de Comptabilité agricole, de Edmond de Granges de Rancy.

Traité de la conservation des Fruits, de Millet-Robinet.

Traité de la conservation des Fruits, de Paquet. 1847.

Trente années d'Agriculture pratique, par P. Gaultier.

Chimie et Physique.

Chimie et Physique horticole, de PP. Deherain.

Commentaires sur Dioscoride (Zoologie), de André Mattiole. 1780.

La Chimie usuelle appliquée à l'Agriculture et aux Arts, de Stockardt (traduit par Brustlein). 1861.

Leçons élémentaires de Chimie, de Bobierre. 1852.

Géologie, Minéralogie, Zoologie.

Destruction des Animaux nuisibles, par Ratzeburg.

Dictionnaire d'Histoire naturelle (gravures coloriées), de Guérin.

Entomologie agricole, par le docteur Bois-Duval. 1867.

Exposition des Insectes utiles et nuisibles. 1866.

Géologie, Minéralogie, Zoologie et Botanique (texte), voyage au pôle Sud et dans l'Océanie, sous le commandement de M. Dumont-Durville.

Géologie, Minéralogie, Zoologie et Botanique (planches), voyage au pôle Sud.

Histoire des Insectes coléoptères de la Loire-Inférieure, de Pradal. 1859.

Insectologie agricole, par divers. 1867.

Plinii Secundi historia mundi.

Zoologie (texte), Voyage autour du Monde sur la corvette *la Favorite*, de Fortuné Eydoux. 1839.

Zoologie (planches), Voyage autour du Monde sur la corvette *la Favorite*, de Fortuné Eydoux. 1839.

Amendements. — Engrais.

Amendements et Engrais, par Willermoz. 1866.

Amendements et Prairies (Extrait de J. Bugeault), de N. Basset. 1854.

Conseils aux Cultivateurs ou Hygiène des Animaux domestiques, de Papin. 1854.

Considérations sur l'action des Engrais, par Bobierre.

Désinfection des Matières fécales (rapport), de A. Chevalier. 1848.

Recherches sur l'emploi de divers amendements dans la culture des Forêts, de Eugène Chevaudier. 1851.

Technologie des Engrais, de E. Moride et Bobierre. 1848.

Animaux domestiques. — Médecine vétérinaire.

Concours d'Animaux reproducteurs (don du ministre).

Conseils aux Cultivateurs ou Hygiène des Animaux
domestiques, de Papin. 1854.
Exposition des Insectes à Paris. 1865.
Inoculation des Bêtes bovines.
Le Poulailler, de Ch. Jacque. 1861.
Manuel de l'Eleveur, méthode de dressage des Che-
vaux, de Montigny. 1849.
Multiplication et perfectionnement des Animaux do-
mestiques, de L.-F. Grognier. 1841.
Société protectrice des Animaux.
Trésor du Laboureur, de J. Varembey. 1852.

Abeilles. — Mûrier. — Soie. — Vers à soie.

Annales de la Société séricicole. 1837 à 1849.
Apiculture simplifiée, de A.-N. Desvaux. 1849.
Cours pratique d'Apiculture, de Hamet. 1859.
Education des Vers à soie, de F.-E. Guérin-Menne-
ville. 1860.
Guide de l'Apiculteur, de Debeauvoys. 1853.
Traité de la culture du Mûrier, de J. Charrel.

Irrigations. — Pisciculture et Hirudiculture.

Art de découvrir les Sources, de l'abbé Paramel. 1856.
La Pisciculture et l'Hirudiculture, de Jourdier. 1856.

Vignes-Boissons.

Ampélographie rhénane, de J.-L. Stoltz. 1852.

Anatomie de la Vigne, de Walter William Capper (traduit par V. de Moléon). 1832.

Culture de la Vigne et vinification, de Jules Guyot. 1860.

Culture de la Vigne, de Noget. 1836.

Culture de la Vigne, par Carrière.

Culture de la Vigne, par Ecorchard.

Culture de la Vigne et Fabrication du vin, de A. Puvis. 1848.

Culture de la Vigne dans les jardins, de Malot. 1854.

Maladie de la Pomme de terre et de la Vigne, de A. Rabonam. 1850.

Observations sur les Maladies régnantes de la Vigne, de Félix Dunal. 1853.

Rapports sur les Vignes malades, par Rouillé-Courbe. 1864.

Traité des Cépages, de Odart. 1849.

Traité des Cépages, de Odart. 1854.

Traité de la Maladie de la Vigne, de Bouchardat. 1853.

Traité de la Maladie de la Vigne, de Victor Rendu. 1853.

Traité de la Maladie de la Vigne, de Louis Leclerc. 1853.

Ouvrages divers en dehors de la classification.

Bulletin bibliographique, de Baillière et fils. 1861.

Canal de la Loire maritime, par de Courmaceul. 1866.

Catalogue de la Bibliothèque de Nantes, deux volumes. 1859-1861.

Catalogue de la Bibliothèque de Cayrol. 1861.

Catalogue de tous les Fruits. 1864.

Catalogue de Haage et Schmidt.

Catalogue de Lacroix et Baudry.

Chambre de Commerce de Nantes, procès-verbaux.

Compte-rendu de l'Administration des Hospices de Nantes. 1863 et 1864.

Discours de M. Thiers sur le Régime commercial de la France, de Thiers. 1861.

Fantaisies scientifiques de Jam, de Henri Berthoud. 1861.

Guerre du Mexique, par Le Saint. 1861 à 1867.

Histoire de la ville et de l'abbaye de Saint-Amand, par de Gourmaceul. 1866.

Histoire du Jardin-des-Plantes de Nantes, par le docteur Écorchard.

Inondations du département d'Indre-et-Loire en 1846 et 1856, par Rouillé-Courbe.

La Production animale et végétale, par divers.

Le Droit des gens, la France et les Yankes, par Ad. Biarnès. 1866.

Le Moniteur des brevets d'invention.

Le passé, le présent et l'avenir de la Photographie. 1861.

Les Miniatures de la Bibliothèque de Cambrai, de A. Durique. 1861.

Les mouvements de l'Atmosphère et des Mers, par Marié Davy. 1866.

L'Ouvrière, par Jules Simon. 1864.

Moyens de mettre en valeur et administrer la Guiane (don du Ministre de la Marine 1853).

OEuvres posthumes de Lidener. 1863.

Rapport sur les Vipères de France, par Soubeiran. 1863.

Rapport sur l'Exposition universelle de 1855. 1857.

Réception du prince Président de la République dans la ville de Tours. 1852.

Société Archéologique de Nantes. 1863.

Société Industrielle d'Amiens.

Traité des Biens fonds, par Noirot.

Nantes, Imp. de Mme v^e C. Mellinet, place du Pilori, 5.